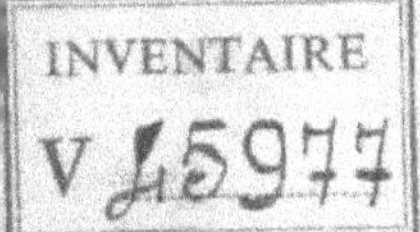

TRAITÉ

Sur la Fabrication

DES

ETOFFES DE SOIE,

SES DIFFÉRENS MONTAGES

ET

Combinaisons d'Armures.

PAR MM. MARIN ET TESSEIRE,

Professeurs de Théorie et Pratique pour la fabrication des Étoffes.

PRIX : 1 FRANC.

A LYON,

CHEZ LES AUTEURS,

Côte St.-Sébastien, n° 15.

1838.

V

45977

TRAITÉ

Sur la Fabrication

DES

ÉTOFFES DE SOIE.

Propriété.

LYON. — IMPRIMERIE DE F. GUYOT, LIBRAIRE,
Grande rue Mercière, 39.

TRAITÉ

Sur la Fabrication

DES

ÉTOFFES DE SOIE,

SES DIFFÉRENS MONTAGES

ET

Combinaisons d'Armures.

PAR MM. MARIN ÉT TESSEIRE,

Professeurs de Théorie et Pratique pour la fabrication des Étoffes.

A LYON,

CHEZ LES AUTEURS,

Côte St.-Sébastien, n° 11.

1838.

AVIS.

Les personnes qui désireraient suivre un Cours d'Empoutages et Armures, pourront s'adresser aux Auteurs, dont les prix seront très modérés.

INTRODUCTION

On a eu pour but dans cet ouvrage, de fournir à un ouvrier, les moyens de monter lui-même son métier, pour quelque genre d'article que ce soit, sans être obligé d'avoir recours à un étranger.

Les explications simples et précises qui le composent, nous permettent de garantir une parfaite réussite à celui qui sera muni de l'un de nos exemplaires.

Nous avons cru devoir nous occuper principalement des empoutages usités jusqu'à ce jour, et qui sont la base de tous les montages de métier: ce sont, l'empoutage à chemins suivis, l'empoutage à retour dit à regard, l'empoutage à pointe et retour dit à fourche, l'empoutage bâtard, l'empoutage en plusieurs corps, l'empoutage à tringle, l'empoutage à paquets, l'empoutage au quart et l'empoutage à planchette dont on se servait autrefois pour bordures et galeries de schals, mais qui s'emploie rarement depuis l'invention du montage au quart.

Notre intention en publiant cet ouvrage, ayant été de nous adresser seulement à des personnes que nous supposons avoir déja une teinte de ce qui va leur être exposé, nous nous abstiendrons de préluder par des explications qui ne serviraient peut-être qu'à entraver les résultats que nous prétendons obtenir. Si quelque chose dans le contenu de cet imprimé restait obscur pour quelqu'un de nos lecteurs, ces personnes sont priées de vouloir bien se transporter à notre domicile dont l'adresse se trouve au commencement de chaque livre ; là, il ne sera rien négligé pour leur faire saisir d'une manière irrévocable, ce qui au premier abord aurait pu leur paraître confus.

THÉORIE SIMPLIFIÉE

ET CLAIREMENT EXPOSÉE

Des différens montages de Métier,

USITÉS

Pour la fabrication des Etoffes.

EMPOUTAGE SUIVI.

Je suppose avoir à empouter une planche en six chemins de 400 cordes, largeur de 18 pouces pour montage de courans; la première chose à faire, est de prendre au milieu de la planche d'arcades une largeur de 18 pouces, et de compter le nombre de rangs contenus dans cette largeur de 18 pouces; je suppose en avoir trouvé 168; pour savoir combien chacun de mes 6 chemins devra contenir de rangs, je suis conduis à diviser 168 par 6, mon nombre de chemins; cette opération me donne 28 rangs pour un chemin; chaque chemin devra donc occuper la largeur de 28 rangs, qui, répétés six fois, me donneront bien 6 chemins empoutés dans la largeur de 168 rangs ou 18 pouces de large, ce qui revient au même.

Il me reste à savoir sur combien de rangs en hauteur je devrai placer mes fils d'arcades pour obtenir ce résultat ; je divise 400, mon nombre de cordes contenu dans un chemin, par 28 qui est le nombre de rangs en largeur que comporte un chemin, je trouve que 400 contient 28, 14 fois ; mais ayant un reste de huit, si j'empoutais sur 14 de hauteur après avoir rempli mes 28 rangs en largeur, il resterait 8 cordes que je ne saurais où placer ; en empoutant sur 15 de hauteur, les 400 cordes d'un chemin seraient bien contenues dans la largeur voulue, mais pour la régularité de l'envergure, on n'empoute jamais par rangs impairs en hauteur ; j'empouterai donc sur 16 de hauteur, et, au lieu d'avoir 28 rangs pleins, je n'en aurai plus que 25, par conséquent 3 rangs resteront vides à la fin de chaque chemin. Si, comme il arrive quelquefois, on était obligé de laisser vides un plus grand nombre de rangs, pour qu'il n'existât pas un trop grand intervalle entre chaque chemin, il faudrait alors répartir les rangs vides de distance en distance.

Les métiers de courans s'empoutent ordinairement à planches brisées, de manière à pouvoir varier les réductions en écartant ou resserrant les planchettes, mais les calculs sont toujours les mêmes.

Voyez la planche N° 8, où l'on a disposé 6 chemins de 8 cordes empoutées suivies.

EMPOUTAGE A RETOUR.

Ce genre d'empoutage s'emploie pour bordures, galeries, coins, et dans tout article où deux mêmes desseins se regardent sans être contigûs, c'est-à-dire qu'il existe entre ces deux dessins un intervalle soit façonné, soit uni. Les calculs pour déterminer la largeur de l'empoutage, sont les mêmes que ceux de l'empoutage qui précède ; seulement il faut observer que l'on commence d'abord par empouter le fond, c'est-à-dire la partie qui sépare les deux bouquets qui se regardent ; cela fait, on commence le retour, ayant soin d'empouter la partie de gauche en sens inverse de celle de droite, dont la marche à suivre est en tout semblable à celle d'un chemin suivi ; cette manière d'empouter les retours, assez généralement répandue, donne la facilité d'enverger suivi.

Voyez la Pl. N° 9, où sont disposés 3 chemins de 16 cordes, pour être empoutées suivies, plus 8 cordes pour bordure de chaque côté, empoutées à retour, la corde en dehors du côté de la lanterne.

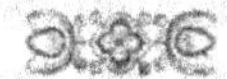

EMPOUTAGE BATARD.

Cet empoutage est pour ainsi dire semblable à celui à retour ; il diffère, en ce que la partie de fond qui sépare les retours, est toujours empoutée en un seul chemin ; par exemple, je suppose avoir à empouter un chemin suivi de 100 cordes au milieu de ma planche d'arcades, puis de chaque côté de ce seul chemin, 300 cordes pour 600 maillons, empoutées à retour ; mais aussi ce genre d'empoutage ne s'emploie que pour l'article meuble, et quelquefois aussi dans les bordures et talons, par économie de cordes.

Voyez la Pl. N° 10, où sont tracés, d'abord 1 chemin de 8 cordes pour bâtard, puis 28 cordes de chaque côté à retour, la corde en dehors du côté de la lanterne.

EMPOUTAGE A POINTE ET RETOUR.

Cet empoutage s'emploie pour les montages de meuble, schals, et en un mot pour tous les articles où un seul dessin couvre toute la largeur

de l'étoffe ; on l'utilise encore dans les bordures,
talons et filets, pour faire économie de crochets
ou compte de mécanique.

Je suppose avoir à monter un métier de meuble,
dont la disposition comporte 600 cordes pour
1200 maillons, empoutées à pointe et retour en
largeur de $\frac{1}{2}$ aune : je commence à passer au milieu de ma planche, une arcade double, qui sera
ma corde de pointe, et la seule qui n'aura qu'un
maillon ; je prends ensuite 11 pouces de chaque
côté de cette première corde, ce qui me donne
une largeur de $\frac{1}{2}$ aune voulue par la disposition ;
je trouve également que cette largeur prise sur
ma planche contient 200 rangs qui diviseront
1200 , nombre d'arcades que je dois empouter , cette opération me donne 6 , ce nombre
sera celui des rangs en hauteur que devra comporter mon empoutage. La marche à suivre après
avoir placé la corde de pointe, est la même que
celle pour l'empoutage à retour, c'est-à-dire que
la partie de droite doit être empoutée comme un
chemin suivi, et celle de gauche en sens inverse,
ou, pour mieux dire, en remontant. Il a déja été
dit que cette manière d'empouter, donne la facilité
de tout enverger suivi. On a l'habitude de laisser
vide le rang sur lequel se trouve placée la corde
de pointe. La méthode à suivre pour tous les empoutages de ce genre , est la même et ne varie jamais.

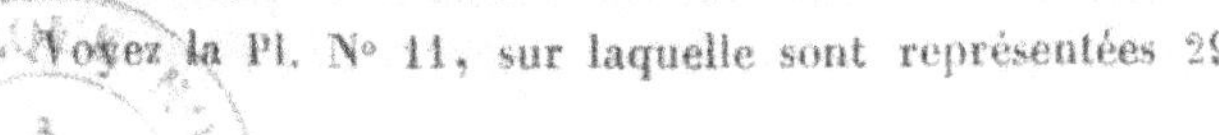

Voyez la Pl. N° 11, sur laquelle sont représentées 29

cordes pour 59 maillons, empoutées à pointe et retour, la corde en dehors, du côté de la lanterne.

EMPOUTAGE EN 4 CORPS POUR COURANS.

Cette nouvelle manière d'empouter une planche pour courans ou gilets, n'a aucun rapport avec les empoutages dits en plusieurs corps, pour velours et autres articles qui nécessitent ce dernier genre d'empoutage.

Pour celui dont s'occupe ce chapitre, les dessins sont lus sur un seul corps, comme pour tout autre empoutage suivi dont il ne diffère que par la configuration en 4 corps des arcades dans la planche, car les 4 corps s'empoutent en même temps. Par exemple, je suppose que mes 4 corps doivent être passés sur 24 rangs en hauteur, j'empoute d'abord suivies, toutes les arcades de mon premier crochet, puis, au lieu de passer les arcades du second crochet dans le trou inférieur à celles du premier, je laisse 6 trous d'intervalle, à partir de ma première corde, et je passe le second crochet dans le septième trou ; les arcades du troisième crochet seront empoutées par rapport au second, dans les mêmes proportions que le se-

cond par rapport au premier ; il en sera de même
du quatrième relativement au troisième. Cela fait,
les arcades du cinquième crochet viendront se
placer dans le trou inférieur à celles du premier
crochet ; les arcades du sixième crochet seront
passées dans le trou inférieur à celles du second ;
il en est de même des autres cordes ; le rang étant
achevé, on en recommence un second, ayant soin
de ne pas intervertir l'ordre qui a été suivi pour
le premier. Il faut laisser entre chaque corps, un
ou deux rangs d'intervalle pour faciliter l'envergure.

Pour enverger, on prendra la première arcade
de chaque corps, puis la seconde, toujours de
chaque corps, et l'on arrivera ainsi à avoir enver-
gé les 4 corps.

Voyez la Pl. Nº 12, qui représente 4 chemins de 16 cordes
empoutées en 2 corps.

EMPOUTAGE EN PLUSIEURS CORPS.

On peut avoir plusieurs corps, soit dans un
empoutage à chemins suivis, soit dans un empou-

tage à pointe et retour, cela dépend du genre d'article que l'on se propose de faire exécuter. Je suppose avoir à monter un métier de velours, dont la disposition porte 6 chemins de 400 cordes pièce empoutées suivies pour premier corps, et 200 cordes poil, également en 6 chemins suivis pour deuxième corps; dans ce genre d'empoutage, règle générale, on commence toujours par le corps de pièce, viennent ensuite les corps de poil. Dans la disposition ci-dessus, je commence donc par empouter le premier corps sur le derrière de ma planche, ayant pris au préalable mes dimensions comme si je n'avais à m'occuper que de 6 chemins suivis de 400 cordes, tout en laissant sur le devant de la planche, la place convenable pour y empouter mon deuxième corps, dont la hauteur sera la moitié moindre que pour le corps de pièce, ou premier corps en raison de ce qu'il contient la moitié moins de cordes, et qu'il doit occuper en largeur sur la planche d'arcades, la même dimension que le premier corps. Il faut avoir soin que les deux corps soient empoutés en ligne directe l'un de l'autre, et laisser deux rangs vides entre chaque corps, pour séparer l'envergure.

L'empoutage pour la gaze corps anglais, est le même que celui qui vient d'être décrit, à l'exception qu'il faut laisser cinq pouces d'intervalle entre les deux corps, et appareiller le corps anglais un pouce plus bas que celui de pièce. Les triples-corps ne s'emploient plus que pour bordures de mouchoirs ou écharpes , et s'empoutent comme les double-corps.

Voyez la Pl. N° 13 , où l'on a disposé 4 chemins de 8 cordes pour premier corps, et 4 chemins de 4 cordes pour deuxième corps.

EMPOUTAGE A TRINGLE.

Cet empoutage s'emploie pour remplacer les lisses , dans les articles à plusieurs fils au maillon.

Je suppose avoir à monter un crêpe-de-Chine damassé , à 4 fils au maillon , et dont la disposition est ainsi conçue : Disposition d'un crêpe-de-Chine ; largeur de 32 pouces , sur un peigne de 41 portées en $^3/_4$, ou 50 dents au pouce ; empouter 400 cordes à pointe et retour , par 4 maillons à la corde, ou 4 arcades au même collet ; les 4 arcades du premier collet, empoutées en taffetas avec les 4 arcades du deuxième collet, celles du troisième, en taffetas , avec celles du quatrième , ainsi des autres. Après avoir porté sur ma planche d'arcades , une largeur de 32 pouces , j'y trouve contenus 304 rangs, et comme je dois mettre 8 arcades au collet par rapport au retour , je multiplie mes 400 collets par 8, ce qui me donne 3200 arcades, que je divise par 304 , mon nombre de rangs en largeur, je trouve 10, avec un reste de 160, je ne puis donc pas empouter sur 10 de hauteur, et comme il faut que mes tringles fassent satin, je suis obligé d'empouter sur 8 de hauteur, ou par un des multiples de huit; le nombre 10 n'ayant déja pu me servir, par la raison que j'aurais eu un reste, je suis donc conduit à empouter sur 16 rangs en hauteur. 200 rangs de 16 arcades en largeur, me donnent bien 3200, mais comme l'empoutage doit comporter 304 rangs en largeur, je serai obligé pour arriver à ce nombre, de laisser un rang vide après en avoir rempli deux, comme je n'empoute que sur 16 rangs en hauteur, et que ma planche en a 32. Je laisserai un trou vide entre chaque arcade, ce qui occupera par conséquent, toute la hauteur de la planche, qui est de 32, et donnera la facilité de placer les tringles en cela qu'elles se frotteront moins. Les tringles, qui sont des lamettes de bois très mince, en forme de lisseron, se passent lorsque le métier est tirant; on introduit chacune de ces lamettes dans la maille supérieure de chacun des maillons qui se trouvent placés sur un même rang en largeur. Cette opération faite, en levant l'un des 16 liserons, on enlèvera un seizième de la pièce; mais on veut obtenir du satin huit lisses, pour cela faire, il est constant qu'un même crochet devra lever la première et la neuvième tringle, un second crochet, la deuxième et la dixième tringle, et de même des autres.

Comme il a été dit dans l'énoncé de la disposition, il faut observer d'empouter les arcades du premier crochet, de manière à ce qu'elles fassent taffetas avec celles du second crochet, cela s'obtient en laissant entre chaque arcade du premier crochet, un trou vide, pour y intercaller celles du second crochet.

V. la Pl. N° 14, où sont disposées 60 cordes par 4 arcades au collet, y compris le retour; les 2 premiers collets formant la pointe, n'ont que 2 arcades.

EMPOUTAGE A PAQUETS.

Cet empoutage s'emploie pour mignonnette, dessous de bordure, baguette, satin, et chaque fois que l'on veut mettre un certain nombre de cordes sur 4 ou 8 crochets pour enverger suivi.

Je suppose avoir à empouter en largeur de $\frac{1}{2}$ pouce, 80 cordes pour satin, et l'on ne veut employer que 8 crochets; je divise mes 80 cordes par 8, ce qui me donne 10, nombre de cordes qui devra être attaché à chacun des 8 crochets; je prends ensuite sur la planche une largeur de $\frac{1}{2}$ pouce, dans laquelle largeur je trouve contenus 5 rangs; je commence par empouter en travers, cinq arcades de mon premier crochet, de manière que chacune de ces arcades occupe l'un des cinq rangs ; les cinq autres arcades du même crochet, seront empoutées de la même manière que les premières, mais 7 trous plus bas, afin de laisser l'intervalle convenable pour empouter les arcades de mes autres crochets, en suivant le même ordre que pour le premier. Les cinq premières arcades de mon second crochet, seront donc passées dans les trous inférieurs aux premières arcades de mon premier crochet, et les cinq autres arcades du second crochet, placées de même, par rapport aux cinq secondes arcades du premier crochet. L'empoutage fini, mes cordes se trouvent placées sur 16 de hauteur ; mais il arrive quelquefois qu'on est obligé d'empouter sur 24 ou 32 de hauteur, également pour 8 crochets ; alors au lieu de diviser le nombre d'arcades d'un crochet en deux parties, ainsi qu'il vient d'être pratiqué dans l'exemple précédent, on divise ce nombre en trois ou quatre parties, suivant le nombre de rangs en hauteur qu'on est obligé d'employer.

Il est à remarquer que toutes les arcades du premier crochet, doivent être empoutées avant d'entreprendre celles du second.

Voyez la Pl. N° 15, sur laquelle on a empouté en trayers 16 cordes sur 2 crochets.

—

EMPOUTAGE AU QUART.

Cet empoutage ne s'est employé jusqu'à présent que pour schals.

Je suppose avoir à monter un métier au quart en 1200, dont 600 cordes mécanique impair, et 600 autres cordes mécanique pair, le tout empouté à pointe et retour, largeur de 60 pouces, deux fils au maillon, deux arcades au collet, et un maillon pour deux arcades, dont une de la mécanique impair, et l'autre de la mécanique pair; même répétition pour le retour que l'on empoute en remontant, afin de pouvoir tout enverger suivi, ce qui me fera quatre arcades pour un collet, et puisque j'ai dans mes deux mécaniques 1200 crochets occupés, il faudra donc empouter 4800 arcades; et j'emploierai la moitié moins de maillons, d'après ce qu'il a été dit plus haut qu'un maillon occupe deux arcades.

Après avoir fait les différens calculs pour commencer mon empoutage, je trouve 10 pour nombre de rangs en hauteur; alors je commence par empouter 2400 arcades pour la mécanique impair, dans l'ordre suivant :

Le premier crochet du colletage impair, ne doit avoir que deux arcades, dont l'une commence le rang de droite, et l'autre le rang de gauche en remontant; au deuxième crochet, seront colletées quatre arcades, dont deux font suite au rang de droite, et deux au rang de gauche; on continue ainsi jusqu'à ce que les deux rangs étant achevés, on en recommence deux autres avec les deux arcades qui restent du dernier crochet, dont les deux premières arcades ont servi à terminer les deux premiers rangs, c'est ce qu'on appelle faire courir la corde; il faut avoir soin de laisser un rang vide entre chaque rang qu'on empoute, et c'est dans ces rangs vides que viennent ensuite passer les arcades de la mécanique pair, qui diffère en ce que le premier crochet, au lieu de n'avoir que deux arcades comme celui de la mécanique impair, en a quatre, de même que les autres crochets, et s'empoute comme la mécanique impair, commençant par les deux premiers rangs laissés vides, tant à droite qu'à gauche. Cinq crochets de cette mécanique termineront chaque rang, ce qui n'existe pas pour la première, à cause du point de départ; c'est ce qui a fait donner à cette première mécanique le nom de mécanique impair. Pour enverger, on a soin de prendre les deux premières cordes des mécaniques pair et impair, auxquelles sont attachées un seul maillon.

Il existe des montages de métier appelés au quart, et qui cependant se font au huitième ; ils diffèrent des premiers, en ce que les bordures pour ce dernier genre de montage, sont empoutées à part, et lorsque l'ouvrier a travaillé avec les numéros du côté de la lanterne, il les retourne du côté opposé à la lanterne, pour porter au milieu du schal le dessin qui en faisait les coins ; c'est ce qui constitue la rosace.

Les dispositions de ce genre de montage se donnent et s'exécutent ainsi : Je suppose avoir à empouter au huitième, 1000 cordes pour fond et 200 cordes pour bordure, largeur de 60 pouces; j'empoute d'abord 50 cordes bordure, à la suite 500 cordes pour fond, puis encore 50 cordes bordures, le tout pour mécanique impair, et j'aurai la même répétition pour ma mécanique pair, en faisant comme il a été dit plus haut, courir la corde de la mécanique impair, et ayant soin de laisser le vingt-sixième rang vide au milieu de chaque mécanique, par rapport au dessin qu'on est obligé de retourner pour travailler au huitième.

Voyez la Pl. N° 16, où sont empoutées 30 cordes, dont 14 pour mécanique impair, et 16 pour mécanique pair.

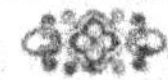

EMPOUTAGE A PLANCHETTE.

Je citerai ici un des empoutages les plus compliqués dans ce genre, et dont la disposition est conçue ainsi qu'il suit :

Disposition d'un schal long, sur un peigne de 40 dents au pouce, 2 fils en dent, largeur de 49 pouces, sur une mécanique de 600, 2 fils au maillon, passés ensuite sur 4 lisses de levée et sous 4 lisses de rabbat.

EMPOUTAGE.

Empouter en sept chemins de 250 cordes, largeur de 44 pouces. Les trois chemins du milieu empoutés, suivis dans une seule planche ; les deux chemins de droite et les deux chemins de gauche, seront également empoutés suivis, mais passés d'abord dans deux planchettes de chaque côté des trois chemins du milieu, puis dans la même planche d'arcades qui a servi à empouter ces derniers. Viennent ensuite deux chemins de 250 cordes chaque, pour galerie et coin, empoutées de chaque côté, à retour, d'abord dans deux planchettes en avant des deux qui ont servi pour les chemins du fond, et passées ensuite dans les trous de la planche d'arcades, qui a servi à empouter ces derniers chemins de fond. J'aurai donc la première corde de la planchette en avant et la première corde de la planchette en arrière, passées dans le même trou de la planche d'arcades, où sont empoutés tous les chemins soit de fond, soit de bordure; il en sera de même pour les autres cordes. Toutes les arcades empoutées à double, ne doivent avoir qu'un maillon.

100 cordes pour bordure de chaque côté, empoutées à retour, la corde en dehors à la lanterne, largeur de 2 pouces $^1/_2$ chacune.

Ce montage de métier a été créé pour faire un schal avec bordure par les 100 cordes, galerie avec 250 cordes, coin avec 250 autres cordes, plus encore 250 cordes pour le fond, ce qui comporterait une mécanique de 850 crochets; et par le moyen des planchettes dans lesquelles sont passées les deux premiers et les deux derniers chemins de fond, et les 250 cordes pour coin dans deux autres planchettes, on fait une économie de 250 cordes.

En commençant le schal, pour faire la bordure en travers, je fais travailler les 7 chemins de fond, en tenant tirantes les deux planchettes où sont

passés mes chemins de droite et de gauche pour
fond , et je lâche les deux planchettes où sont
passées mes cordes de coin; par ce moyen, les
arcades de coin étant détendues laissent travailler
les arcades de fond correspondant aux mêmes maillons. La bordure en travers étant finie, je commence le coin et la bordure en long; pour cela,
je lâche les planchettes de fond , et je fais tirantes
les planchettes de coin. Le coin fini, je lâche les
planchettes de coin, et fais tirantes les planchettes
de fond; il en sera de même lorsqu'on arrivera à
l'autre coin.

Les planchettes doivent être tenues 6 pouces
au dessus de la planche d'arcades ; chaque planchette doit avoir un jeu de 9 pouces , afin de
pouvoir lâcher et faire tirant à volonté.

Lorsqu'on appareille , les planchettes de fond
et de coin doivent être tenues tirantes également.

Voyez pour cet empoutage, la Pl. N° 17, où sont empoutées 4 chemins de 4 cordes pour fond, dont les 2 du
milieu dans une seule planche , le premier et le dernier
d'abord dans une planchette, puis dans la planche d'arcades ; plus 4 cordes de chaque côté, pour coin, passées
d'abord dans 2 planchettes en avant des 2 premières pour
fond, puis empoutées à la planche d'arcade, dans les mêmes
trous que les premier et dernier chemins de fond.

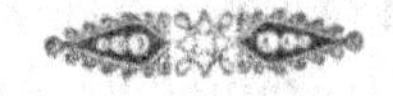

COLLETAGE.

Les colletages se font toujours suivis, en commençant sur le derrière de la mécanique, par le collet qui se trouve le plus proche de l'étui, puis on suit le rang jusqu'à ce qu'on soit arrivé du côté du cylindre ; puis on commence le second rang, toujours du côté de l'étui, pour le terminer de même que le premier ; il en est de même des autres rangs.

Sur chaque disposition donnée doit être désignée la marche à suivre pour le colletage.

PENDAGE.

Le moyen le plus expéditif et le plus commode, pour cette opération, est de placer une canne à tordre au desous de la planche d'arcades, et un pouce plus bas que le rouleau de devant, ayant soin de poser sur la canne les paquets de maillons à mesure qu'on veut les employer, puis on commence à pendre dans le milieu de la planche.

par ce moyen, les maillons se trouvent tous pendus plus bas que l'on ne doit appareiller ; on s'étend ensuite à peu près également à droite et à gauche du point de départ ; il faut faire en sorte que le nœud de la maille se trouve distant d'un pouce de la boucle que l'on fait pour pendre.

APPAREILLAGE.

La première chose à faire pour bien appareiller, est de mettre la planche d'arcades d'aplomb, et de la rendre immobile pendant tout le temps de l'appareillage ; pour cela faire, si la planche doit être soutenue par des cordes, il faut clouer aux estases des liteaux qui correspondent à la planche, et la tiennent dans une immobilité complète.

On doit toujours placer les appareillages un demi-pouce plus bas que l'on ne veut appareiller, parce qu'il est d'usage, avant d'arrêter le nœud qui doit fixer la maille à l'arcade, d'ajuster le maillon au dessus de la lamette, ce qui prend déjà trois ou quatre lignes, plus le nœud, qui enlève encore la maille de deux ou trois lignes ; telle est la cause pour laquelle on doit placer les appareillages un demi-pouce plus bas que la hauteur qu'on veut obtenir.

ENVERGURE.

Pour enverger suivi, on commence par la première corde du dernier crochet de la mécanique, et l'on forme, par ce moyen, une enverjure, dont toutes les cordes, qui correspondent aux crochets impairs, forment une moitié séparée de l'autre, qui est composée de toutes les arcades correspondant aux crochets pairs.

L'envergure des empoutages en quatre corps, pour courans, se fait en commençant par enverger la première corde de chacun des quatre corps, puis la deuxième corde, toujours des quatre corps ; en continuant ainsi, les premier et troisième corps se trouvent former un même pas, et les deuxième et quatrième corps formeront l'autre pas.

Les baguettes devant servir à séparer l'envergure, seront placées, l'une deux pouces plus haut, l'autre deux pouces plus bas que les maillons.

REMETTAGE.

Le remettage à un fil au maillon, n'offre aucune difficulté ; on se sert ordinairement de maillons à trois trous pour ce genre de remettage, et l'on passe le fil dans le trou du milieu, en commençant par le premier maillon à gauche. Si on a deux rouleaux, remis par un fil pièce et un fil poil, il faut remarquer, pour éviter les erreurs, que tous les fils de pièce seront remis sur le même pas, et les fils de poil sur l'autre pas ; règle invariable : les fils pièce commencent toujours le remettage.

Lorsqu'on a plusieurs fils au maillon, on couche la tête du maillon du côté du chien, ou de la droite ; cela veut dire qu'on doit passer le premier fil dans le trou d'en-bas, le second fil dans le trou supérieur, jusqu'à ce qu'on ait épuisé le nombre des fils qui doivent être remis dans un maillon. Cette manière de remettre, facilite pour passer aux lisses.

Lorsqu'on a des lisses de levée et de rabat, les lisses de levée se remettent de suite après le corps, et en dernier lieu les lisses de rabat.

Pour remettage de satin sur 16 lisses en deux corps, il faut commencer par remettre les 8 lisses du premier corps, en passant le premier fil sur la première lisse, lardant le deuxième fil, passant le troisième fil sur la deuxième lisse, lardant le quatrième fil; ainsi de suite du reste. Ce premier corps fini de remettre, il en sera de même du second, dans lequel on passera les fils qui ont été lardés d'abord, et on lardera les fils qui ont été passés dans le premier corps.

On peut également remettre les deux corps en même temps, mais comme cette dernière marche est plus sujette à faire commettre des erreurs, on se sert préférablement de la méthode ci-dessus, plus sûre, et tout aussi prompte que cette dernière.

FIL DE TOUR.

Dans un remettage suivi soit pour gaze unie à lisse, soit pour gaze damassée avec corps et lisse à culotte, ou bien encore pour gaze corps anglais, le fil de tour doit être passé d'abord à gauche des fils qu'il doit embrasser, puis croisé dessous, et remis à droite dans une lisse à culotte, ou un corps anglais; cela facilite le remettage de la lisse à culotte, qui se fait de la main droite.

Si dans le remettage, il se trouve un certain nombre de dents remises à retour, les fils de tour, pendant tout le temps qu'on remettra à retour, seront passés de droite à gauche et dans les endroits où l'on remettra suivi, les fils de tour seront passés de gauche à droite.

Les lisses à culotte, ou corps anglais, se remettent toujours en dernier lieu; il faut avoir soin de laisser entre le premier corps et le corps anglais, une distance de 5 pouces au moins, pour donner aux fils de tour la faculté de faire leur évolution.

Les remettages de pluche et velours unis se font toujours par deux fils pièce et un fil poil.

Pour les velours fond satin façonnés, remis par quatre fils satin et un fil poil, on est obligé, pour remettre une cantre, de se servir d'un peigne, ou reste de pièce, qui est l'envergure; et lorsqu'on a remis la pièce et que le métier est tirant, on étend la cantre bobine par bobine, et on les ajoute aux fils du peigne, dans l'ordre voulu par le remettage.

DE L'ARMURE.

Pour représenter une armure quelconque, on trace des lignes orizontales qui représentent les lisses; à l'extrémité droite des lignes orizontales,

des lignes verticales qui représentent les marches,
et coupent carrément les lignes orizontales. Pour
indiquer les lisses que les marches doivent lever,
on fait de petits points sur les endroits d'intersection, pratiqués par le croisement des lisses avec
les marches. A l'extrémité gauche des lignes orizontales, on trace de petites lignes verticales ser-
vant à représenter les fils des chaînes, passés sur
les lisses d'après le remettage; de petits zéros
figurant les mailles des lisses, sont placés à l'extrémité de chaque petite ligne verticale, sur le
point d'intersection de la lisse sur laquelle est
passé le fil.

LISAGE DE DESSINS

Sur Mécanique d'Armures.

On trace d'abord l'armure sur le papier par
lisses et marches; on prend ensuite autant de
cartons qu'on a de marches pour faire l'armure,
puis on place à la mécanique autant de crochets
que de lisses il a fallu employer pour l'armure;
quelquefois même on met deux crochets pour une
lisse; dans ce dernier cas, pour ne rien changer
au lisage, il faut se servir d'aiguilles à deux bou-

cles, dans lesquelles aiguilles sont passés deux crochets qui correspondent à la même lisse.

Voyez la Pl. N° 19.

On prend ensuite un carton-matrice, dont on numérote tous les trous qui correspondent aux aiguilles qu'on a garnies à la mécanique; on numérote également les lisses et les marches tracées sur l'armure, puis le nombre des cartons voulus par l'armure. La lisse N° 1 correspondra au trou N° 1 du carton-matrice; la marche N° 1 correspondra au carton N° 1; et ainsi des autres numéros.

On recouvre du carton-matrice un autre carton représenté sur l'armure par le premier coup, puis à travers le carton-matrice on perce les numéros correspondans à ceux de l'armure tracée sur le premier coup; il en sera de même pour percer les cartons suivans.

Pour les mécaniques d'armures à planchettes, dont tous les trous sont bouchés par des chevilles, le lisage est le même que ci-dessus; seulement, au lieu de percer, on ôte une cheville.

Voyez les Pl. N°ˢ 19 et 20.

LYON. — Imprimerie de F. GUYOT.

Armures   (Pl. n° 1.)

Taffetas

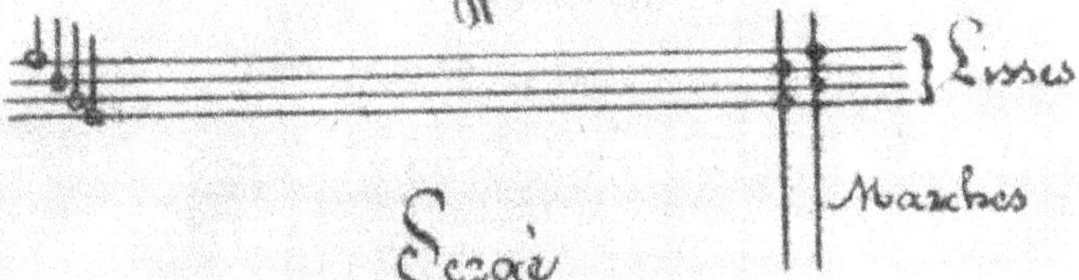

] Lisses

Marches

Serge
dit Levantine

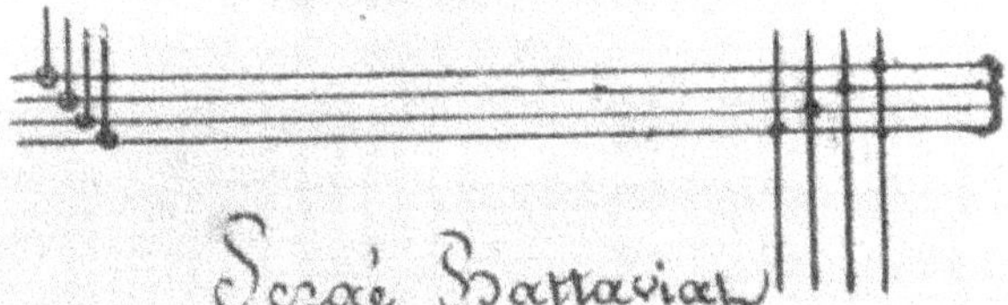

Serge Battavia
dit croisé

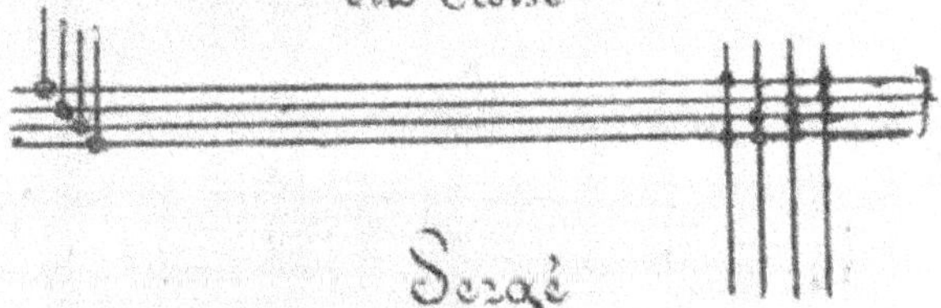

Serge
de deux lie le trois

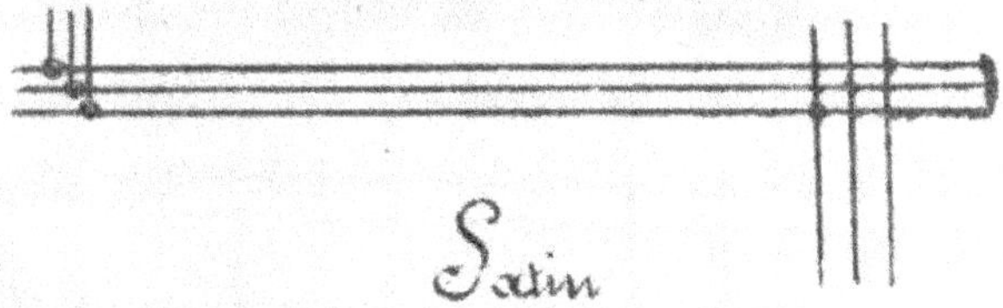

Satin
cinq Lisses

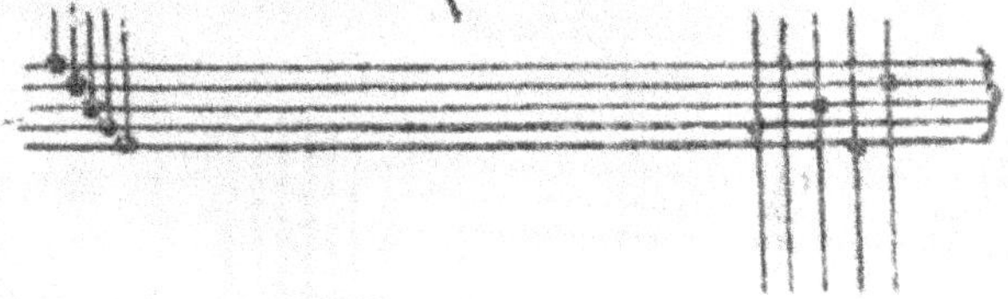

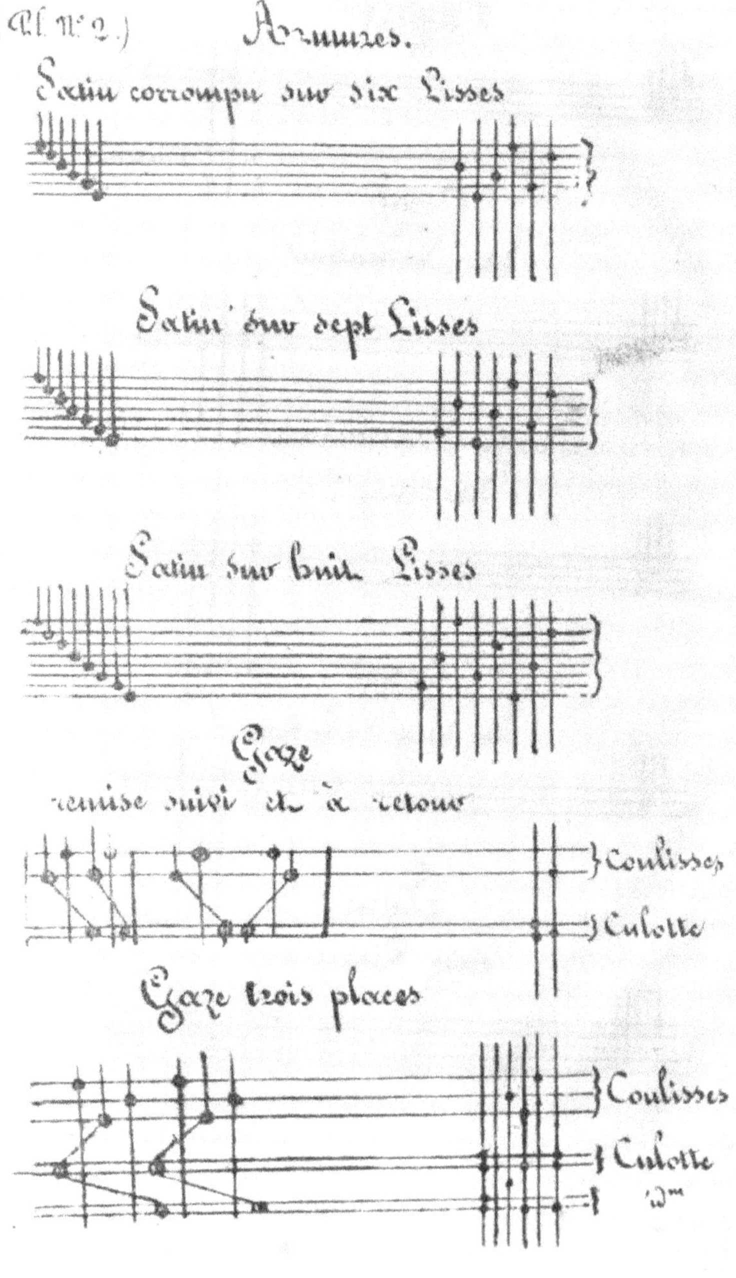
(Pl. N°. 2.)
Armures.
Satin corrompu sur six Lisses
Satin sur sept Lisses
Satin sur huit Lisses
Gaze
remise suivi et à retour
Coulisses
Culotte
Gaze trois places
Coulisses
Culotte

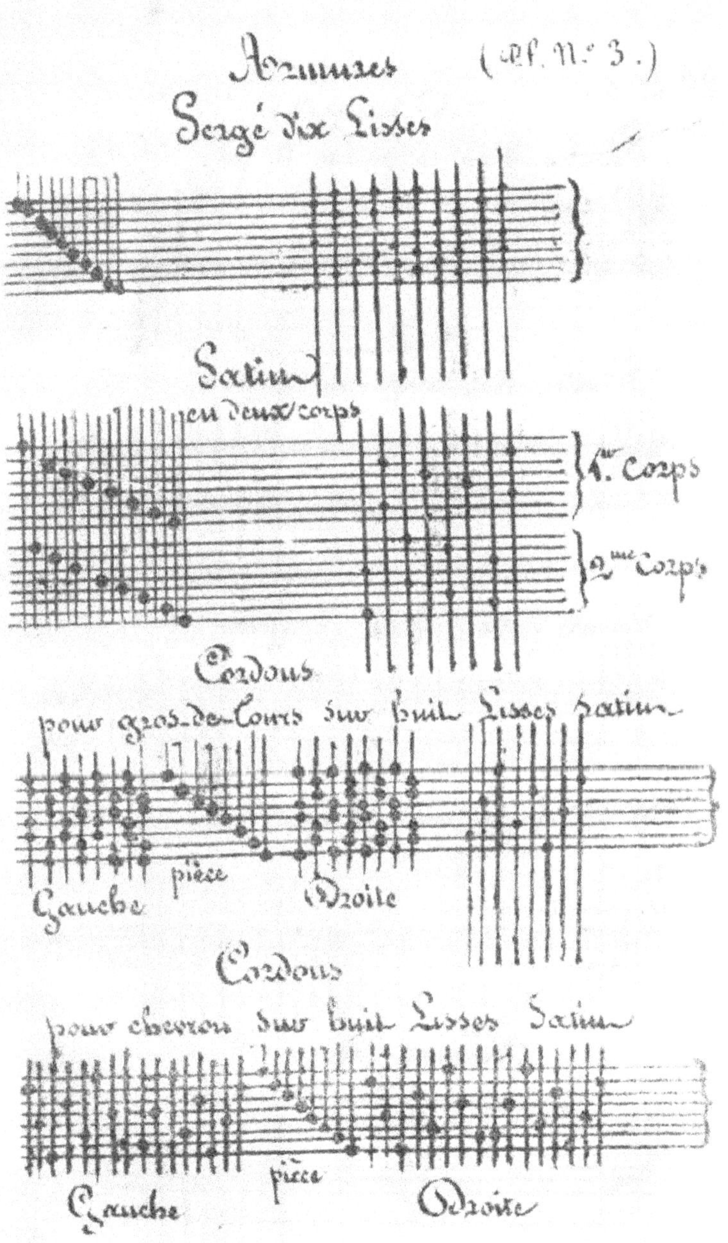

Armures
(Pl. No. 3.)
Sergé dix Lisses
Satin
en deux corps
1.er Corps
2.me Corps
Cordons
pour gros de tours sur huit Lisses satin
Gauche   pièce   Droite
Cordons
pour chevron sur huit Lisses Satin
Gauche   pièce   Droite

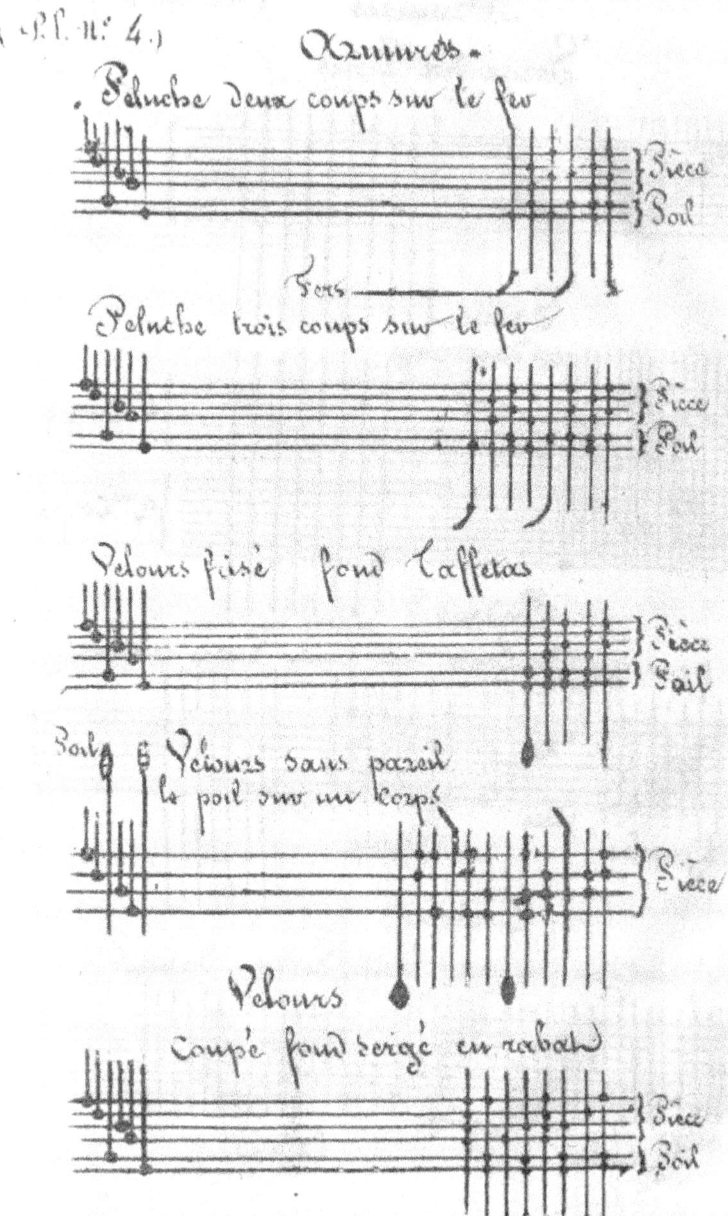
(Pl. n.º 4)
Armures.
Peluche deux coups sur le fer
Pièce
Poil
Fers
Peluche trois coups sur le fer
Pièce
Poil
Velours frisé fond taffetas
Pièce
Poil
Poil
Velours sans pareil
le poil sur un corps
Pièce
Velours
coupé fond vergé en rabat
Pièce
Poil

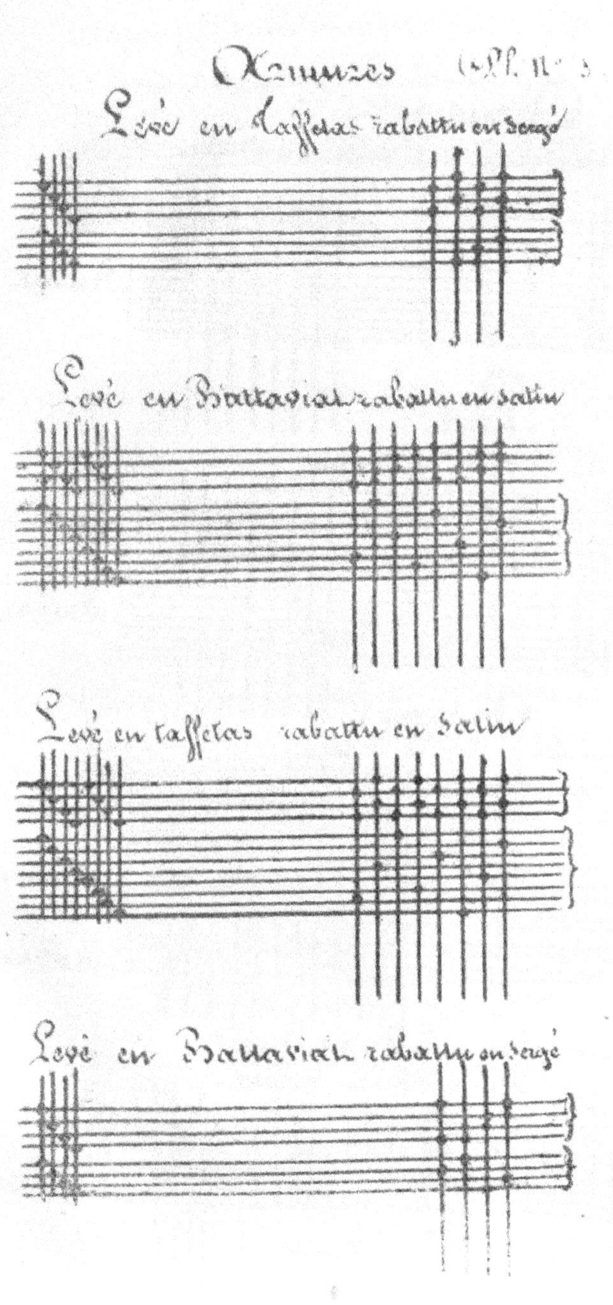

Armures
Levé en Taffetas rabattu en sergé
Levé en Battavia rabattu en satin
Levé en taffetas rabattu en satin
Levé en Battavia rabattu en sergé

(Pl. n: 6.)

Armures
Levé en Sergé rabattu en Satin

} Levé
} Rabat

Levé
et rabattu en Satin

} Levé
} Rabat

Armure
Meuble Caille douce

} Satin
} Caille douce
} Lisage
} Rabat

Cordons pour Chaîs au Quard
passés sous 4 lisses de Rabat

} Levé
} Rabat

Gauche   pièce   Droite

Armure Choals au quart, un coup (Pl. n° 7.)
de fond manchou en avant

Même
que cy dessus, manchou a retour

Même
2 coups de fond manchou en avant

Même
2 coups de fond manchou à retour

(Pl. N:o 8.)
Empontage suivi
1 2 3 4 5 6 7 8
1er Collet
Ducôté de
L'étui
1er Collet
Ducôté de
L'étui

pontage   fond suivi et Bordures à retour

pontage   fond suivi et Bordures à retour

(Pl. N° 10) Empoutage Bâtard
1 2 3 4 5 6 7 8

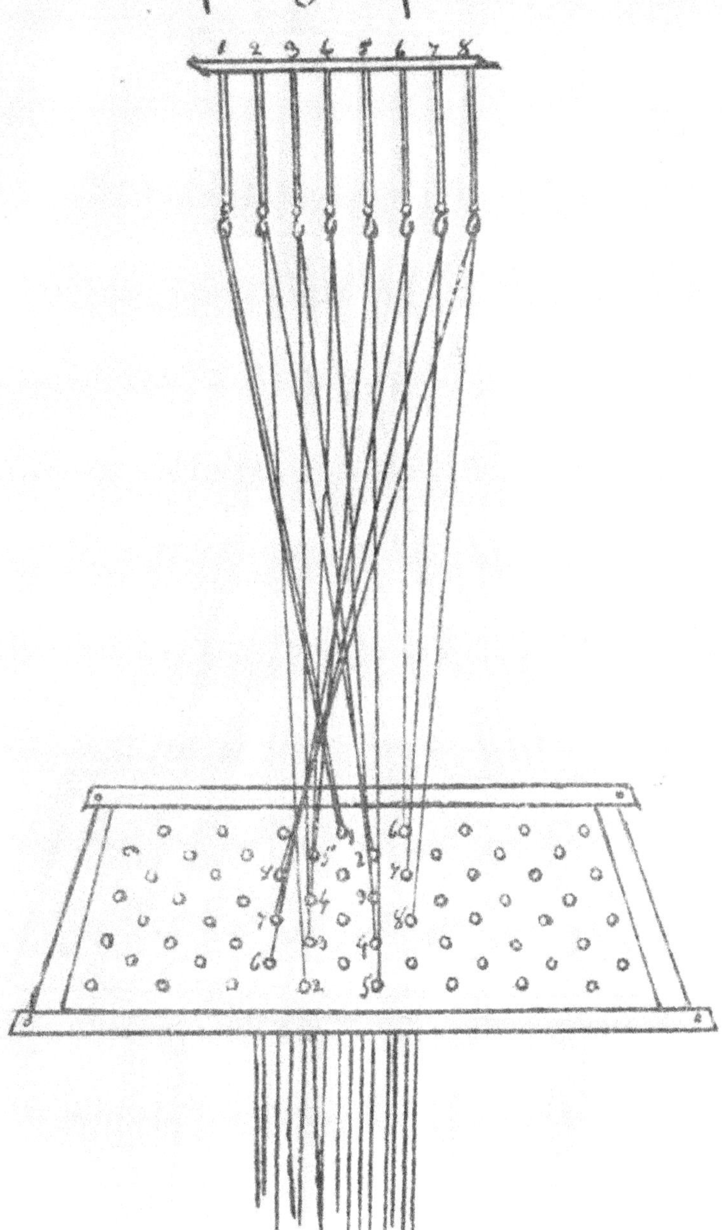

Empontage en deux corps pour courants

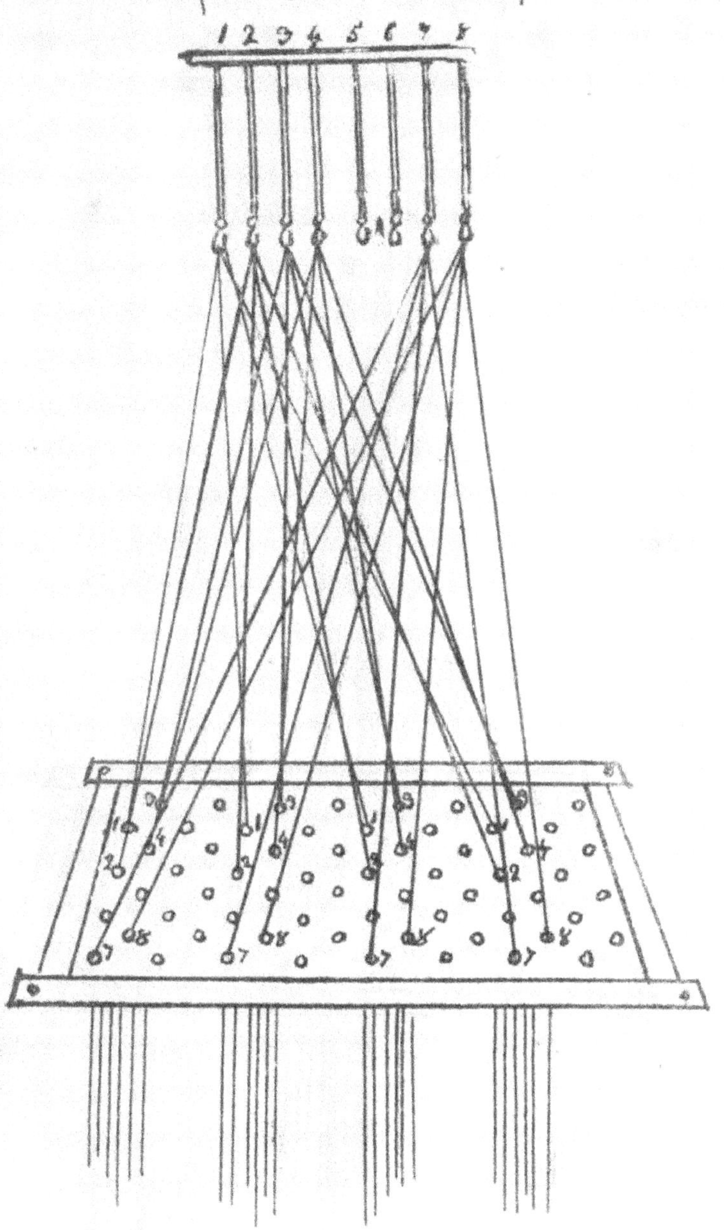

Empontage en deux Corps (Pl. n: 13.)
1 2 3 4 5 6 7 8

Pl. N° 14 Empoutage à Tringle

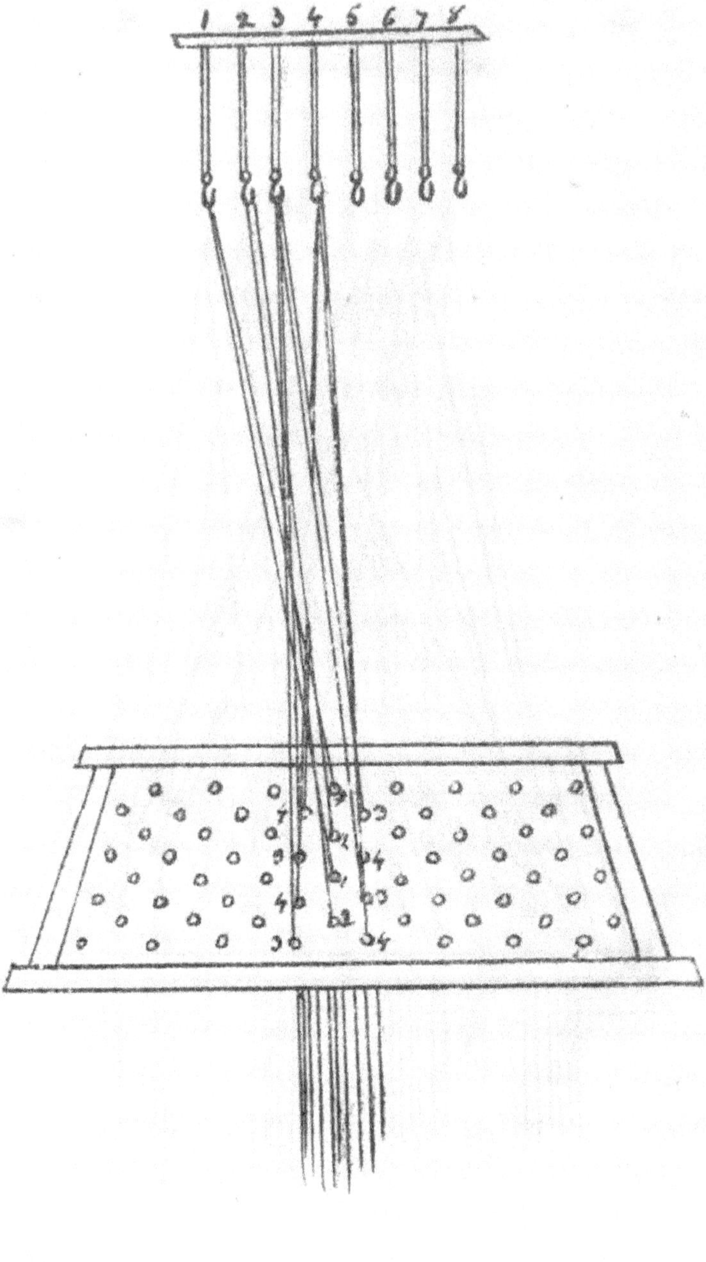

Empontage à paquets   Pl. II.° 15.
1 2 3 4 5 6 7 8

(Pl. N.° 16.) Empontage au quart
Impair
1 2 3 4
A b c d
Pair

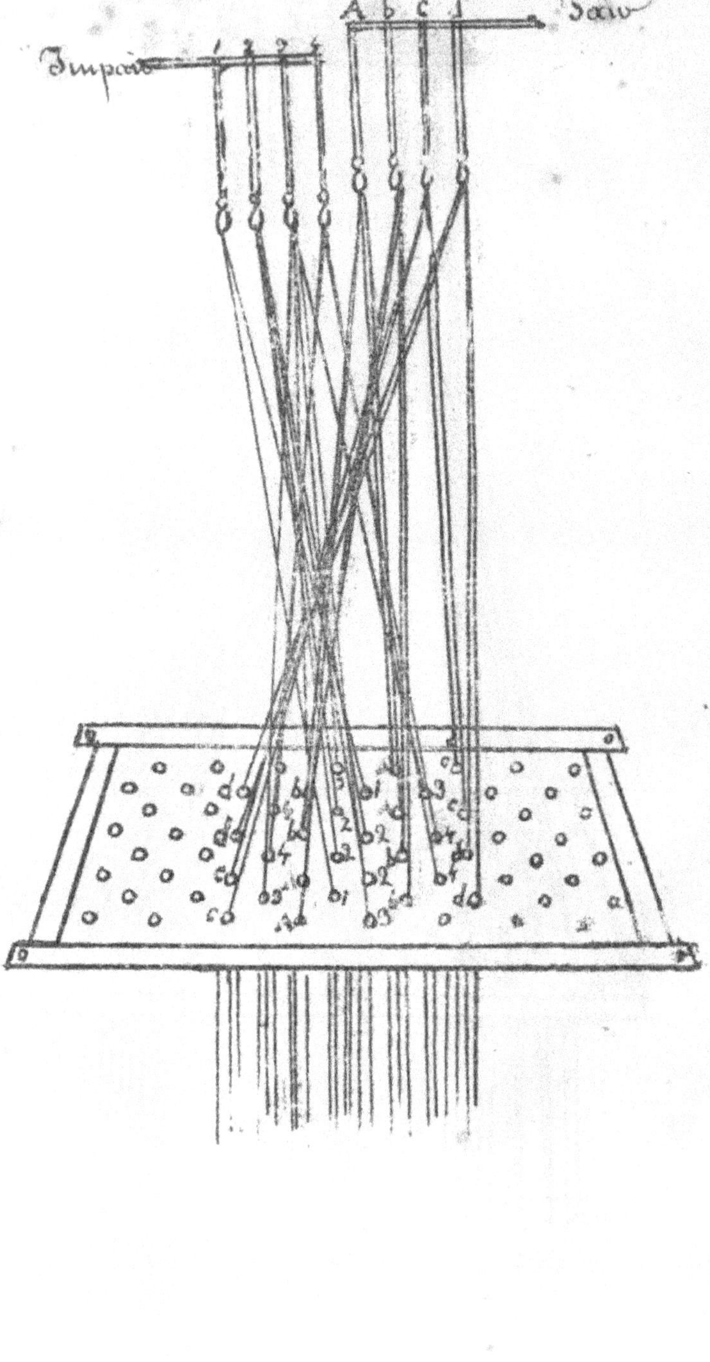

Empontage à Planchettes (Pl. N° 17.)

(Pl. n° 18.)
Gaze corps anglais
1 2 3 4 5 6 7 8

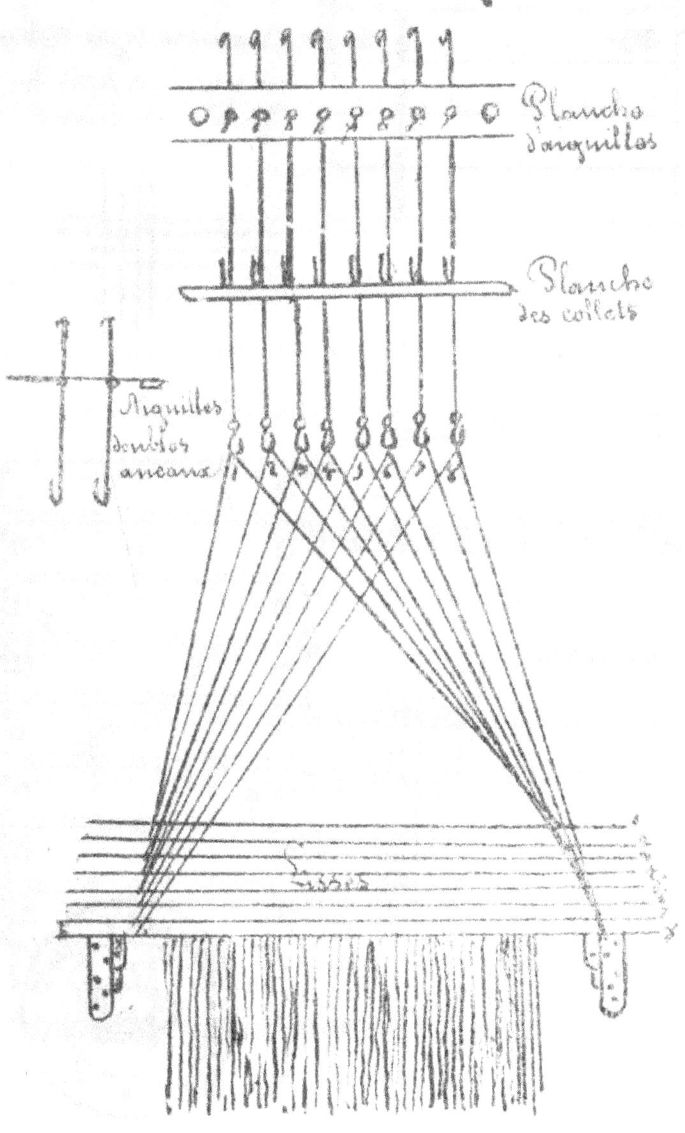

Métier de Satin huit lisses   (Pl. n° 19.)
monté sur une mécanique d'armure
Planche d'aiguilles
Planche des collets
Aiguilles doubles d'anneaux
Lisses

Lisage d'une Mécanique d'armure

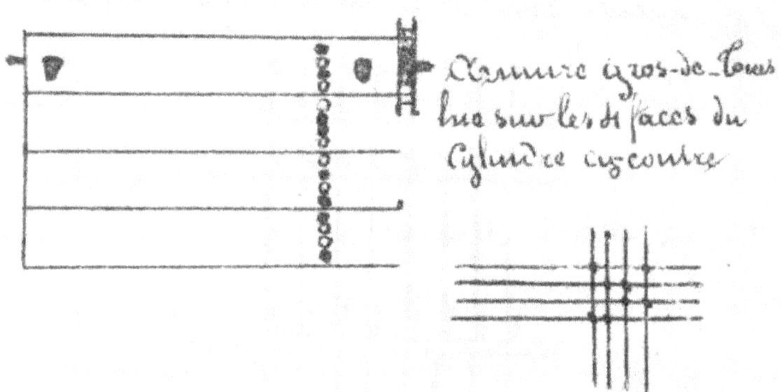

Carton Matrice

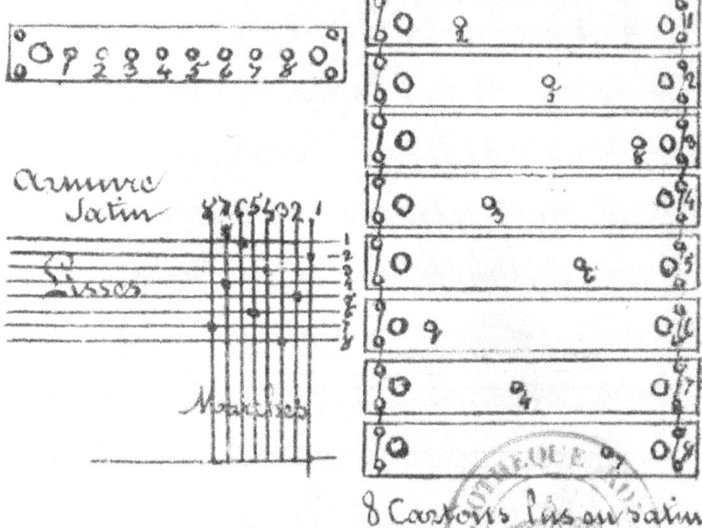